AF483038

HISTOIRE ET DESCRIPTION

DE LA

GROTTE DE LOMBRIVE

(ARIÉGE)

PAR

Le Docteur F. G.

TOULOUSE

E. CONNAC ET DARBAS, IMPRIMEURS-LIBRAIRES

Rué des Balances, 43 et place du Capitole (2ᵉ arcade).

1862

HISTOIRE ET DESCRIPTION

DE

LA GROTTE DE LOMBRIV

(Ariége).

De toutes les grottes si nombreuses de l'Ariége, celle d'Ussat ou de Lombrive est la plus étendue, la plus majestueuse, et celle dont les stalactites sont les plus riches, soit par la forme, soit par le nombre. Située dans la vallée d'Ussat, sur le côte gauche de la rivière, au milieu de roches abruptes et escarpées, et à plus de cent mètres au-dessus du niveau de l'Ariége, cette grotte est, tous les ans, le sujet de courses nombreuses, et frappe, à juste titre, l'imagination des visiteurs.

Peu renseignés, en général, sur l'histoire de la localité, les baigneurs d'Ussat ne se doutent pas qu'en parcourant les vastes couloirs et les immenses salles de cette profonde cavité, ils foulent aux pieds un sol témoin de faits curieux, et dont les plus anciens sont séparés de nous par bien des siècles. Les phénomènes dont la dernière période géologique, qui bouleversa la surface du globe, la période diluvienne, a laissé des traces dans presque toutes les cavernes, y sont imprimés d'une manière ineffaçable. Depuis, les faits historiques les plus bizarres et les plus surprenants s'y sont succédés. Des légendes fort anciennes, les récits de vieux auteurs, m'ont permis de recueillir quelques matériaux que je vais essayer de retracer dans ce court opuscule.

Un auteur, qui écrivait, en l'an 1540, sur l'histoire du pays de Foix, Elias Appamiensis, raconte, dans un style naïf, qu'Hercule, venu dans la Gaule avec les Phéniciens, parcourut les Pyrénées et arriva à la cour de Bebrix, roi de ces montagnes. Il y fut gracieusement ébergé, et, pendant son séjour chez son hôte, les repas et les libations lui furent abondamment prodigués. Bebrix avait une fille, Pyréne, dont la beauté et les charmes touchèrent le cœur d'Hercule, qui promit de l'épouser. Mais avant d'accomplir sa promesse, le héros Grec séduisit la jeune fille, qui porta bientôt la peine de sa faute.

Désolée d'avoir cédé aux instances d'Hercule, et craignant le courroux de son père, Pyréne se réfugie quelque temps dans une caverne, mais bientôt elle la quitte pour aller pleurer dans les bois d'alentour. Poursuivie par les bêtes féroces, elle ne put se soustraire à leurs atteintes et devint leur proie.

Hercule, parti pendant ce temps pour combattre les ennemis de Bebrix, revenait victorieux et prêt à tenir ses engagements. Sur sa route, au milieu des montagnes, il trouva le corps de son amante défiguré et mutilé par les bêtes sauvages. A cette vue, sa raison s'égare, il court çà et là, poussant des gémissements que répètent au loin les échos des vallées; il déplore la mort de Pyréne, qu'il appelle, mais en vain.

Cependant, revenu peu à peu de sa première douleur, il rassemble les membres déchirés et épars de la malheureuse victime, les ensevelit et fait lui-même, selon l'usage, de nombreux sacrifices sur la tombe de celle qu'il a perdue. Pour perpétuer sa mémoire, il donne d'abord le nom de Pyrénées aux montagnes qui ont vu s'accomplir le malheur dont il est cause, et après avoir mis à la tête d'une colonie, dans le voisinage des Etats de Bebrix, son neveu Fucé, il lui ordonne de célébrer tous les ans une fête religieuse et solennelle, pour que le souvenir de Pyréne ne s'efface jamais de ces lieux.

Où siégeait exactement la cour du roi Bebrix? La légende n'est pas bien explicite à ce sujet. Notre chro-

niqueur du xvie siècle croit pourtant que la caverne
qu'on appelait de son temps le trou de Tarascon, au
sud de cette ville alors remarquable, était la résidence
de ce roi. Ce qui le lui fait supposer, c'est que le village
de Bebrix (Vébres) n'est pas bien éloigné de cette grotte
dont il donne, du reste, une description bien exacte.

« L'entrée de cette caverne, dit-il, est étroite, et
on n'y arrive qu'avec le secours de plusieurs échelles.
Ceux qui y pénètrent y trouvent, en entrant, de vastes
salles, dont les voûtes, creusées dans le roc, présen-
tent un ravissant spectacle, qui ne laisse pas d'inspirer
la terreur. On parcourt avec hésitation et difficulté
un espace de cinq à six stades, peut-être plus. A
mesure que l'on s'enfonce dans ces épaisses ténèbres,
la frayeur devient telle qu'on est tenté de retourner sur
ses pas. Il en est qui prétendent qu'une énorme quan-
tité d'or est cachée depuis des milliers d'années au fond
de la caverne, trésor, s'il est permis de le croire,
qu'aucune force humaine ne saurait enlever, car un
démon, vigilant observateur, en a la garde. On y
découvre des corps humains qui, au premier aspect,
semblent encore respirer, mais dont les ossements
tombent en poussière dès qu'on les touche. Tels sont
ces lieux, visités par bien des curièux, sur le rapport
desquels je n'hésite pas à établir ma description. »

Un autre auteur de la même époque, Holagraï,

s'étendant dans sa narration sur les merveilles du pays,
parle de ces grands ossements des cavernes, qu'il invoque comme marquant une grande antiquité, et, dans un passage où il parle de la grotte de Lombrive, il dit :

> Ce roc cambré par art, par Nature et par l'aage,
> Ce roc de Tarascon hébergea quelquefoix
> Les Géants qui couroyent les montagnes de Foix,
> Dont tant d'os excessifs rendent seur témoignage.

Quoique la fable et l'exagération dominent dans les récits de ces auteurs, il n'en reste pas moins démontré que les grottes de l'Ariége, et surtout celle de Lombrive, ont été connues dès la plus haute antiquité.

A tort délaissé par les savants et les historiens, le département de l'Ariége n'a été étudié d'une manière sérieuse et suivie que par l'auteur de l'*Histoire du pays de Foix*, dans ses études historiques et dans un travail sur un peuple à chaque instant déplacé, les Sotiates, travail, du reste, couronné par l'Institut. M. Adolphe Garrigou, dans un nouvel opuscule, faisant suite à ses premières publications, — en partant d'une donnée déjà admise, que les Basques ont, dans la plus haute antiquité, occupé toute la chaîne des Pyrénées — prouve, que le nom de Sotiates n'a été donné aux anciens Ariégeois qu'à cause des nombreuses cavernes (*soto, soto*) dont l'entrée leur servait primitivement d'asile.

Il se croit même fondé à retrouver dans deux de ces cavernes la grotte de Lombrive et celle de Souloumbrié, dans la vallée de Cazenave, le siége d'un culte Ibérien ou Basque du dieu Ilumber.

Ce ne sont pas seulement les cavernes du pays des Sotiates de l'Ariége, qui portaient le nom de Sotio ou de Soto. En Belgique, dans la province de Liége, et dans les montagnes du vallon de Fond-de-Forêt, existent un grand nombre d'ouvertures que les habitants de l'endroit connaissent sous le nom de trous de Sottais. Ils prétendent, dit le géologue Schmerling, que jadis ces grottes servaient d'habitation à une espèce humaine d'une très petite taille, Sottais, nains, pygmées, qui vivaient de leur industrie et restauraient tout ce qu'on déposait près des ouvertures, à condition que l'on y ajoutât des vivres. En très peu de temps ces effets étaient réparés et remis à la même place. La fable ajoute qu'un jour on déposa un pain dont on avait ôté la mie, il n'en restait que la croûte : les Sottais indignés de cette conduite quittèrent leur demeure et se retirèrent dans un autre pays.

On le voit, l'opinion de l'auteur des *Etudes historiques du pays de Foix,* qui veut que le nom de Sotiates signifie habitant des grottes, se trouve parfaitement confirmé par cette dénomination de Sottais, donnée, dans un pays fort éloigné de l'Ariége, à un peuple qui habitait aussi les grottes.

Vers le xiie et le xiiie siècles, les grottés de l'Ariége furent appelécs par les écrivains des spoulgas, et elles servaient alors à quelques divisions territoriales. Quelques-unes, les plus saines, furent, sur leur entrée, transformées en forteresses, au moyen de murs derrière lesquels semblent avoir existé des pièces habitables.

Telles sont les quelques notions historiques qu'il m'est possible de fournir aux lecteurs, sur les grottes de l'Ariége.

Si l'entrée de certaines de ces cavernes a servi d'asile à des hommes, il eût été difficile à un être animé quelconque d'en habiter les cavités les plus reculées. A Lombrive, par exemple, l'air des couloirs du fond de la grotte est tellement saturé d'humidité, que là même où il ne coule plus d'eau depuis bien des siècles, la terre est constamment humide, et le froid gagne le visiteur pour peu qu'il demeure inactif. Comment, du reste, aurait-on pu traverser commodément le passage si étroit qui sépare les premiers couloirs de la première grande salle? Depuis quelques années seulement, ce passage, qu'il fallait franchir en rampant, a été ouvert par l'intelligent guide qui accompagne ordinairement les visiteurs.

Prenons cet homme dans son atelier de forgeron, et gravissons avec lui les rapides et caillouteux lacés qui conduisent à la caverne. Le voilà déjà en tête de la caravane, un fagot de paille sur l'épaule et quelques bougies à la main, conduisant son monde à pas comptés pour éviter la fatigue d'une montée de demi-heure en plein soleil d'Août ou de Septembre. Arrivés à l'entrée, qu'on ne découvre qu'en y arrivant, une halte est nécessaire pour ne pas subir un changement brusque de température. Quelques minutes de repos permettent de contempler le coup-d'œil, assez pitto-resque, de ce point de la montagne.

Vis-à-vis et à ses pieds, les villages d'Ornolac, d'Ussat et l'établissement thermal, englobé avec ses hôtels au milieu de massifs et de jardins, reposent agréablement la vue du sauvage de la vallée de droite. L'Ariége, descendant dans la plaine de Tarascon, ser-pente, vers la gauche, dans les prairies émaillées de fleurs; on s'oublierait volontiers à suivre au loin son onde limpide. Mais le moment de descendre dans la caverne est arrivé.

Chaque visiteur, muni de son manteau ou de son schall, qu'il faut se garder d'oublier ce jour-là sus-pendu au crochet, s'avance encore éclairé par la lumière du soleil. Bientôt le moment d'allumer les torches arrive : on entre dans une galerie de droite.

Après avoir quelques instants marché au milieu de roches et de débris, on se trouve entouré de stalactites affectant les formes les plus étranges. Tout d'abord, l'ingénieux guide vous montre des quartiers d'oie et de porc suspendus à la voûte; un peu plus loin, se développent les côtes, assez bien simulées, d'un melon. Mais saisissez vite vos flacons à odeur jeunes filles au caractère nerveux et sensible, l'émotion pourrait être assez forte pour vous causer un évanouissement : un malheureux coupable, condamné pour de terribles forfaits, a été pendu dans ces lieux, et ses formes se déroulent à vos regards. Consolez-vous cependant; vous pouvez, si vous le voulez, prier pour le repos de son âme car, au milieu des innombrables colonnettes qui sont devant vous, la sainte Vierge repose dans une niche habilement décorée par la nature. Tout à côté, ne vous laissez pas aller à admirer trop longtemps dans son trou le vieux guide, qui ne manque jamais de montrer à l'assistance comment il sera placé dans le ciel après sa mort.

Il faut maintenant retourner sur ses pas, s'arrêter un moment au milieu de la galerie pour voir le merveilleux effet produit par le jour qui arrive aux deux extrémités, et nous voilà bientôt sur le sentier de la grotte principale.

La route sillonnée par une large crevasse s'abaisse

de plus en plus, et conduit, après un détour sur la droite, au passage étroit qui vient s'ouvrir subitement dans une immense cavité. Ici, plus de stalactites, plus de colonnes. Une spacieuse salle, montant en amphithéâtre et tournant un peu sur l'un des côtés, offre, éclairée par la paille, le spectacle le plus grandiose qu'ait produit la nature. La voûte, déchirée sur certains points, s'élève à une hauteur que ne pourrait atteindre une pierre lancée par un bras vigoureux. De chaque côté se dressent perpendiculairement des rochers creusés par les eaux. A quelques pas devant vous, visiteurs étonnés, vous voyez le terrible escarpement qu'il faut monter à pic, pour visiter la grotte supérieure.

A la vue des cinq échelles dressées pour l'ascension, plus d'un cœur palpite de crainte, plus d'un courage est glacé. L'on s'arrête, l'on admire, et l'on cherche à s'expliquer quel intérêt poussait l'homme qui, le premier, osa gravir ce redoutable passage. Cependant, que faire, quel parti prendre? Si votre pied est sûr, si l'ampleur de vos vêtements n'est pas trop considérable, n'hésitez pas intrépides visiteuses; les échelles sont solidement fixées, le guide est vigilant, vous pouvez, en confiance, écouter ses paroles et monter avec lui les soixante-douze échelons qui doivent vous conduire au milieu de nouvelles merveilles. Surtout ne vous amusez pas, en gagnant le sommet de la roche, à regarder en arrière; le peu d'habitude de voir l'abîme sous les pieds pourrait vous être funeste.

Mais tout n'est pas encore fini; après ces échelles, désespoir des mères et des épouses, restent à gravir avec peine un étroit corridor et plusieurs roches amoncelées. Ici, toute votre agilité est nécessaire; pieds, mains, ongles, tout sert pour éviter des chutes dont l'amour propre seul n'aurait pas à souffrir. Malheur aux élégantes qui n'auraient pas voulu laisser au bas des échelles leurs perfides aciers.

Nous voilà pourtant sur un sol plus uni, à l'entrée d'une salle qui va s'élargissant de plus en plus. A droite, deux cavités secondaires peu profondes, dont la seconde est en partie remplie par du sable. Devant vous est le cimetière, autrefois couvert d'ossements humains brisés, roulés par les eaux et mélangés à des restes d'herbivores et de carnassiers; le tout entraîné là par les eaux de l'époque diluvienne.

En avançant toujours, les dimensions du couloir dans lequel on marche restent majestueuses et régulières. Après avoir pénétré dans cette nouvelle partie de la caverne, et tournant à gauche, on marche en ligne droite devant soi, et l'on trouve sur sa route d'énormes stalagmites qui portent le nom de cloche, de bénitier. Plus loin sont solidement établis, contre les parois de la caverne, le confessionnal et l'orgue de la chapelle de Monseigneur, qui a lui-même oublié sa chappe suspendue aux murs de son église.

Prenez garde, en tournant sur la droite, de ne pas vous laisser glisser dans le lac très profond qui occupe en ce point la plus grande largeur du sol, et duquel il serait peu aisé de vous retirer, car la terre est tout au tour aussi glissante que de la glace. Après avoir trébuché et fait quelques faux pas dans un amas de roches et de cailloux roulés, vous voilà traversant les vagues de la mer pour vous trouver bientôt à côté de deux conduits descendant à droite de la voûte, et qui n'ont encore jamais été visités. De nouveau vous tournez à gauche, marchant quelque temps sur un sol bien inégal ; le passage devient plus resserré, et vous vous trouvez en face de deux embranchements.

Celui de droite est en quelques instants parcouru. Il se termine, d'une manière inattendue, par un escarpement, et des cordes sont nécessaires pour atteindre le sol inférieur ; si vous m'en croyez, vous ne vous lancerez pas dans une pareille descente. Au bas de ce premier précipice est une salle assez vaste, terminée elle-même par un second escarpement où, pas plus que d'autres, je n'ai essayé de m'aventurer. Mais laissons là ces mystères impénétrables, et poursuivons notre couloir de gauche.

Il faut ici monter un peu et marcher sur des pierres jadis roulées par les eaux. La voûte se rapproche de plus en plus de vos têtes, de rares colonnes interrompent la monotonie de cette partie de la grotte. Bientôt une fente de la voûte vous accompagne l'espace de quelques pas. Vous arrivez au lion qui garde le fond de la caverne, et il n'y a plus alors qu'à gagner les échelles en suivant de nouveau le même sentier.

Pas plus que l'ascension, la descente ne doit vous effrayer. Le premier pas sur l'échelle est celui qui coûte le plus, mais le guide soigneux vous place lui-même le pied. Ne songez pas à l'espace qui vous sépare du fond de ce gouffre desséché, et que l'obscurité vous empêche heureusement de voir, le frisson parcourrait votre corps, et vos jambes refuseraient d'obéir.

Seul encore au sommet de l'escarpement, votre conducteur courageux ne manque jamais de placer sur le point le plus élevé et le plus en saillie un reste de bougie allumée. Quand il est à son tour descendu, traversez la salle pour regagner la sortie; mais avant de vous engager dans l'étroit défilé, éteignez vos torches, jetez les yeux sur la bougie brûlant encore et qui paraît une étoile rougeâtre perdue dans un ciel noir. Vos corps, à peine éclairés par sa lueur blafarde et lugubre, ressemblent, dans le silence qui règne autour de vous, à ces fantômes que les anciens croyaient les maîtres de ces profondes cavités.

Mais quelques pas encore, et la lumière du jour reparaît. Votre promenade est terminée, et, avec elle, la tâche que je m'étais imposée. Heureux, chers lecteurs, si j'ai pu vous être utile, mille fois reconnaissant si vous accordez l'indulgence aux quelques lignes que je viens de tracer pour vous.

www.ingramcontent.com/pod-product-compliance
Lightning Source LLC
LaVergne TN
LVHW021758210726
843510LV00016B/807